WEIHNACHTS-BÄCKEREI

Neue Rezepte für die ganze Familie

INHALT

Vorwort — 4
Hinweise zu diesem Buch — 5

Wundervolle Adventszeit — 6
Weihnachtsbäckerei für die Familie — 8

Jetzt backen wir! — 54
Weihnachtsbäckerei für Kinder — 56

Anhang
Rezeptverzeichnis — 80

VORWORT

Ein gemütliches Zuhause ist die beste Antwort auf kurze Tage und nasskaltes Wetter. Leuchtende Kerzen, warme Decken, gemütliche Kissen, eine Tasse Tee oder Kaffee sind schon mal ein guter Anfang – perfekt wird es aber mit selbst gebackenen Plätzchen und weihnachtlichen Kuchen!

In diesem Buch findest du Rezepte, die die ganze Familie zusammenbringen und glücklich machen. Kokos-Quark-Makronen oder Waldbeerenkringel, Lavendel-Heidesand oder Bratapfel-Cookies: Die Rezepte haben einen neuen Twist und bringen Abwechslung auf den Plätzchenteller, neue Lieblingsplätzchen inklusive. Natürlich können auch hierbei Kinder mithelfen – aber wie auch im erfolgreichen Vorgängerband haben wir das zweite große Kapitel ganz besonders kindgerecht gestaltet und zusammengestellt. Mit kindgerechten Rezepten, die besonders einfach herzustellen sind, und kindgerechten Texten, werden auch die Kleinsten mit ins Boot geholt, um erste Erfahrungen in der Weihnachtsbäckerei sammeln zu können. Ob kalter Hund mit Spekulatius oder Knusperburschen, gebrannte Mandeln oder Weihnachtsmänner am Stiel – bei diesen Rezepten bekommen Kinder leuchtende Augen und entdecken die Küche als neuen Lieblingsort!

Je nach Alter und Erfahrung können die kindlichen Möglichkeiten zur Mithilfe natürlich ganz unterschiedlich ausfallen. Lies mit deinem Kind am besten das ausgewählte Rezept einmal komplett durch, stellt das Zubehör bereit und misst die Zutaten ab. Dabei könnt ihr auch schon mal besprechen, wobei das Kind am liebsten mithelfen möchte. Generell gilt: Lasse dein Kind nicht alleine backen und übernehme alle Tätigkeiten, die eine Verletzungsgefahr bergen. Dazu zählt zum Beispiel ein Blech in den heißen Ofen zu schieben und ganz besonders, ein solches wieder herauszuholen. Aber auch Kuvertüre zu hacken oder mit heißen Flüssigkeiten zu hantieren kann vor allem kleine Kinder noch überfordern. Hier ist deine Einschätzung und Beobachtung gefragt, denn du

weißt am besten, was dein Kind kann, wo es Hilfe benötigt und wo du komplett übernehmen musst.

Gerade für die ganz Kleinen gibt es auch Rezepte, in denen der Backofen überhaupt nicht gebraucht wird – schaut einfach, was euch am besten gefällt! Dann aber kann der Backspaß beginnen und die Weihnachtszeit noch schöner machen, als sie sowieso schon ist!

Hinweise zu diesem Buch

- Die Temperaturangaben beziehen sich, wenn nicht anders angegeben, auf Ober- und Unterhitze.
- Falls du mit Umluft backen möchtest, reduziere bitte die angegebene Temperatur um 20 °C.
- Wir verwenden, wenn nicht anders angegeben, die mittlere Schiene des Backofens.
- Bei Eiern verwenden wir, wenn nicht anders angegeben, Größe M.
- Bei der Zutat „Mehl" ist Weizenmehl Type 405 oder 550 zu verwenden. Auch Dinkelmehl Type 630 kann verwendet werden.
- Bei jedem Rezept kannst du bis zu fünf Sternen vergeben. Wie viele Rezepte erreichen die volle Punktzahl?

Abkürzungen und Symbole

Ø = Durchmesser	g = Gramm	kcal = Kalorien
% = Prozent	Gr. L (bei Eiern) = large	kJ = Kilojoule
°C = Grad Celsius	i.Tr. = Fettgehalt in Trockenmasse	P. = Päckchen
ca. = zirka	El = Esslöffel	TK = Tiefkühlprodukt
cm = Zentimeter	geh. = gehäuft	Tl = Teelöffel
FP = Fertigprodukt	gestr. = gestrichen	

Aber jetzt geht es los: Ran an Rührschüssel, Ausstecher, Töpfe und Nudelholz – und ganz viel Freude am Backen!

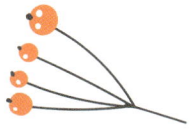

Wir wünschen dir und deiner Familie eine wunderschöne und besinnliche Adventszeit und zauberhafte Weihnachtstage!

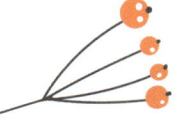

WUNDERVOLLE ADVENTSZEIT

Weihnachtsbäckerei für die Familie

So lecker schmeckt es:  ★★★★★

WALDBEEREN-
Kringel

FÜR CA. 50 STÜCK

FÜR DIE FÜLLUNG:
300 g Waldbeeren (TK)
250 g Gelierzucker 2:1
1 El Kakaopulver

FÜR DEN TEIG:
140 g weiße Schokolade
250 g weiche Butter
150 g feiner Zucker
10 g Vanille-Aroma
1 Eigelb
330 g Mehl

AUSSERDEM:
Mehl für die Arbeitsfläche
runder Plätzchenausstecher
mit 5,5 cm Ø

Zubereitungszeit: ca. 30 Minuten
(plus Abkühl-, Kühl- und Backzeit)

Pro Stück ca. 112 kcal/469 kJ

Für die Füllung die Waldbeeren mit dem Gelierzucker und dem Kakaopulver in einem Topf aufkochen und 15 Minuten köcheln lassen, dabei die Masse mit einem Kartoffelstampfer etwas zerdrücken. Die Masse mindestens 1 Stunde abkühlen lassen.

Die weiße Schokolade hacken und unter Rühren über einem heißen Wasserbad schmelzen lassen. Butter in Stücken und den Zucker schaumig quirlen. Vanille-Aroma, Eigelb und geschmolzene Schokolade unterrühren. Das Mehl hinzusieben und alles zu einem glatten Teig verrühren. Den Teig abgedeckt ca. 30 Minuten kühl stellen.

Den Backofen auf 160 °C vorheizen. Zwei Backbleche mit Backpapier auslegen. Den Teig auf einer bemehlten Arbeitsfläche ausrollen und mit einer runden Ausstechform Kreise mit einem Durchmesser von ca. 5,5 cm ausstechen. Mittig je ½ Teelöffel Waldbeerenmarmelade auf die Kreise setzen und die Kekse jeweils ca. 15 Minuten hell backen.

5 Minuten auf dem Backblech abkühlen lassen, dann zum vollständigen Abkühlen auf ein Kuchengitter setzen.

SO LECKER SCHMECKT ES:  ★★★★★

WEIHNACHTS-
Cantuccini mit Schokolade

FÜR CA. 50 STÜCK

1 Bio-Orange
225 g Mehl
25 g Kakaopulver
1 Tl Backpulver
½ Tl gemahlener Piment
1 Tl Zimt
3 Kardamom-Kapseln
1 Gewürznelke
150 g brauner Zucker
2 P. Vanillezucker
1 Prise Salz
2 Eier
30 g Butter
100 g geschälte Mandeln
75 g geschälte Pistazien

AUSSERDEM:

150 g Puderzucker zum Wälzen

Zubereitungszeit: ca. 30 Minuten (plus Kühl- und Backzeit)

Pro Stück ca. 60 kcal/251 kJ

Die Orange heiß waschen, trocknen und die Schale fein abreiben. Mehl mit Kakao- und Backpulver, Piment und Zimt in einer Schüssel mischen.

Die kleinen schwarzen Samen aus den Kardamom-Kapseln herausholen und zusammen mit der Nelke im Mörser fein zerreiben. Mit braunem Zucker, Vanillezucker und Salz zur Mehlmischung geben und alles verrühren.

Eier, Butter, Orangenschale, Mandeln und Pistazien hinzugeben und unterkneten. Den Teig in Folie gewickelt ca. 1 Stunde kalt stellen.

Den Backofen auf 180 °C vorheizen. Zwei Backbleche mit Backpapier auslegen. Den Teig in 6 gleich große Stücke teilen. Diese jeweils zu ca. 25 cm langen Rollen formen. Die Rollen im Puderzucker wälzen, sodass sie rundum bedeckt sind. Mit etwas Abstand auf die Bleche verteilen. Nacheinander ca. 15 Minuten vorbacken. Das zweite Blech in der Zwischenzeit in den Kühlschrank stellen.

Die vorgebackenen Rollen schräg in ca. 2 cm dicke Scheiben schneiden. Die Scheiben auf den Blechen verteilen und nacheinander weitere 10 Minuten backen. Auf einem Kuchengitter vollständig auskühlen lassen.

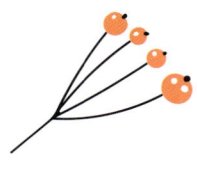

SO LECKER SCHMECKT ES: ★★★★★

KOKOS-QUARK-
Makronen

FÜR CA. 25 STÜCK

200 g Kokosraspel
100 g Zucker
1 Prise Salz
4 Eiweiß (Gr. L)
100 g Quark (20 % i. Tr.)
ca. 25 Oblaten à 7 cm Ø

Den Backofen auf 190 °C vorheizen. Ein Backblech mit Backpapier auslegen. Kokosraspel, Zucker, Salz und Eiweiß verquirlen. Dann über dem heißen Wasserbad unter Rühren auf 50 °C erwärmen. Am besten ein Küchenthermometer verwenden und darauf achten, dass die Masse nicht zu heiß wird, sonst gerinnt das Eiweiß.

Die Masse in eine kalte Schüssel umfüllen. Den Quark unterrühren. Die Kokosmasse gleichmäßig auf die Oblaten setzen. 12–15 Minuten goldgelb backen. Herausnehmen und vollständig abkühlen lassen.

Zubereitungszeit: ca. 25 Minuten (plus Backzeit)
Pro Stück ca. 75 kcal/315 kJ

FÜR CA. 50 STÜCK

FÜR DEN TEIG:
300 g Mehl
75 g Kokosraspel
75 g Puderzucker
175 g vegane Margarine
3 El Kokoscreme (der abgesetzte cremige Teil bei Kokosmilch)

ZUM VERZIEREN:
100 g vegane Zartbitterkuvertüre
100 g Kokosraspel

SO LECKER SCHMECKT ES:

KOKOS-KIPFERL

Zubereitungszeit: ca. 40 Minuten (plus Kühl-, Back- und Auskühlzeit)

Pro Stück ca. 83 kcal/349 kJ

Das Mehl mit Kokosraspeln und Puderzucker in einer Schüssel mischen. Die Margarine in Stücke schneiden und zusammen mit der Kokoscreme zur Mehlmischung geben. Alles glatt verkneten, zur Kugel rollen, in Folie wickeln und mindestens 1 Stunde kühl stellen.

Ein Backblech mit Backpapier auslegen. Aus dem Teig mit den Händen Rollen von ca. 1,5 cm Stärke formen. Diese in ca. 6 cm lange Stücke schneiden, die Spitzen dünner rollen und zu Kipferln geformt auf dem Blech verteilen. Nochmals 1 Stunde kühl stellen.

Den Backofen auf 180 °C vorheizen. Die Kipferl im heißen Ofen 10–12 Minuten backen, bis die Enden ganz zart Farbe annehmen. Herausnehmen und auf dem Blech abkühlen lassen.

Zum Verzieren die Kuvertüre hacken und über dem heißen Wasserbad unter Rühren zerlassen. Die Kokosraspel in eine Schale geben. Die Kipferlenden jeweils ca. 1,5 cm tief in die Kuvertüre und anschließend in die Kokosraspel tauchen. Zum Aushärten auf dem Backblech verteilen.

SO LECKER SCHMECKT ES:

HASELNUSS-
Printen

FÜR CA. 50 STÜCK

FÜR DEN TEIG:
50 g Orangeat
70 g Butter
250 g Rübensirup
70 g brauner Zucker
1 Msp. Salz
2 Tl Lebkuchengewürz
½ Tl Zimt
1 Msp. gemahlener Ingwer
300 g Mehl
3 Tl Backpulver

AUSSERDEM:
Mehl für die Arbeitsfläche
200 g geschälte Haselnüsse
200 g Zartbitterkuvertüre
für die Glasur

Zubereitungszeit: ca. 40 Minuten
(plus Back- und Abkühlzeit)

Pro Stück ca. 96 kcal/402 kJ

Das Orangeat sehr fein hacken. Die Butter mit dem Rübensirup und dem Zucker in einem kleinen Topf unter Rühren schmelzen lassen, dann in eine Rührschüssel geben und kalt werden lassen.

Orangeat, Salz und die Gewürze mit den Knethaken des Handrührgerätes unter die abgekühlte Butter-Mischung rühren. Das Mehl mit dem Backpulver mischen, darübersieben und alles vermengen. Auf einer bemehlten Arbeitsfläche mit den Händen zu einem glatten Teig verkneten. Den Teig in Frischhaltefolie gewickelt ca. 1 Stunde kalt stellen.

Den Backofen auf 180 °C vorheizen. Zwei Backbleche mit Backpapier auslegen. Den Teig auf einer leicht bemehlten Arbeitsfläche ausrollen, in Rechtecke à 2 x 6 cm schneiden und diese auf die Backbleche legen. Die Haselnüsse halbieren und auf den Printen verteilen. Die Printen ca. 15 Minuten backen. Auf einem Kuchengitter vollständig abkühlen lassen.

In der Zwischenzeit die Kuvertüre grob hacken und im Wasserbad schmelzen lassen. Die Printen mit der Kuvertüre bestreichen und anschließend trocknen lassen.

WEIHNACHTSBÄCKEREI FÜR DIE FAMILIE

SO LECKER SCHMECKT ES:

GAZELLENHÖRNCHEN

FÜR 25 STÜCK

FÜR DEN TEIG:
150 g Mehl
1 Ei
30 g weiche Butter
2 El Orangenblütenwasser
1 Tl milder Essig
1 ½ Tl Puderzucker

FÜR DIE MANDELFÜLLUNG:
200 g gemahlene Mandeln
1 Ei
60 g Zucker
½ Tl Zimt
1 Tl Orangenblütenwasser
1 Tl abgeriebene Schale von einer Bio-Orange
5 g Vanilleextrakt

AUSSERDEM:
Mehl für die Arbeitsfläche
runder Plätzchenausstecher mit 7 cm Ø
1 Eigelb
2 El Milch
50 g gehackte Mandeln

Zubereitungszeit: ca. 25 Minuten (plus Kühl-, Ruhe- und Backzeit)

Pro Stück ca. 110 kcal/461 kJ

Alle Teigzutaten zügig zu einem glatten Teig verkneten, in Folie gewickelt ca. 30 Minuten kühl stellen.

Für die Mandelfüllung die Mandeln in einer Pfanne ohne Fett rösten und wieder abkühlen lassen. Ei, Zucker, Zimt, Orangenblütenwasser, Orangenschale und Vanilleextrakt zusammen mit den Mandeln gleichmäßig verkneten.

Auf einer bemehlten Arbeitsfläche den Teig sehr dünn ausrollen. Runde Plätzchen ausstechen und je 1 Teelöffel der Mandelfüllung in die Mitte geben. Den Kreis zusammenklappen, zu einem Hörnchen formen und den Teigrand mit Gabelzinken zusammendrücken.

Das Eigelb mit der Milch verquirlen und die Hörnchen damit bepinseln. Die Hälfte der Hörnchen in die gehackten Mandeln tauchen und alle Hörnchen auf ein mit Backpapier belegtes Backblech setzen. 30 Minuten ruhen lassen.

Den Backofen auf 150 °C vorheizen. Die Hörnchen ca. 15 Minuten backen, auf einem Kuchengitter vollständig auskühlen lassen. In einer luftdicht verschlossenen Dose halten sich die Hörnchen ca. 2 Wochen.

SO LECKER SCHMECKT ES:

APPLE-CRUMBLE-
Cookies

FÜR 20 STÜCK

2 Äpfel
1 Spritzer Zitronensaft
200 g Mehl
2 Tl Backpulver
100 g Butter
100 g brauner Zucker
¼ Tl Zimt
1 Prise Salz
1 Ei

ZUM VERZIEREN:

40 g weiche, getrocknete Apfelringe
1 P. Zimt-Kakao-Glasur (FP)

Zubereitungszeit: ca. 25 Minuten (plus Backzeit)

Pro Stück ca. 139 kcal/582 kJ

Den Backofen auf 200 °C vorheizen. Ein Backblech mit Backpapier auslegen.

Die Äpfel waschen, schälen, vierteln, entkernen und auf einer Küchenreibe grob reiben. Zitronensaft dazugeben und verrühren. Mehl, Backpulver, Butter in Stücken, Zucker, Zimt, Salz und Ei zur Apfelmasse geben und zuerst mit den Knethaken des Handrührgeräts, dann mit den Händen verkneten.

Aus dem Teig 20 kleine Kugeln formen, auf das Backblech legen und flach drücken. Die Cookies 10 Minuten backen, bis sie hellbraun sind. Anschließend 5 Minuten auf dem Backblech abkühlen lassen.

Die Apfelringe in kleine Stücke schneiden und in einer Pfanne ohne Fett rösten. Die Glasur nach Packungsanweisung vorbereiten, die Cookies damit besprenkeln und mit den Apfelstücken verzieren. Alles trocknen lassen.

Äpfel mit Birnen verwechselt?

Du kannst die Plätzchen auch wunderbar mit Birnen zubereiten. Egal, ob Äpfel oder Birnen: In einer verschlossenen Blechdose aufbewahrt sind die Plätzchen 3 Wochen haltbar.

SO LECKER SCHMECKT ES:

GINGERBREAD

FÜR 30 STÜCK

FÜR DEN TEIG:
500 g Mehl
2 Tl Backpulver
40 g ungesüßtes Kakaopulver
125 g gemahlene Haselnüsse
350 g brauner Zucker
je 2 Tl abgeriebene Schale von 1 Bio-Zitrone und -Orange
Mark von 1 Vanilleschote
2 Tl Lebkuchengewürz
1 Tl Zimt
2 Eier
200 g cremiger Honig
125 g kalte Butter

ZUM VERZIEREN:
250 g Puderzucker
1 Eiweiß
einige Tropfen Zitronensaft

AUSSERDEM:
Mehl für die Arbeitsfläche

Zubereitungszeit: ca. 25 Minuten (plus Kühl- und Backzeit)

Pro Stück ca. 228 kcal/955 kJ

Für den Teig alle Zutaten in einer Schüssel zu einem glatten Teig verkneten. In Folie gewickelt über Nacht kühl stellen.

Den Backofen auf 180 °C vorheizen. Zwei Backbleche mit Backpapier auslegen. Den Teig in vier Portionen teilen und auf einer leicht bemehlten Arbeitsfläche etwa 5 mm dick ausrollen. Mit einem Lebkuchenmännchen-Ausstecher Figuren ausstechen und diese auf die vorbereiteten Backbleche legen. Nacheinander jeweils ca. 15 Minuten backen. Nach dem Backen auf einem Kuchengitter auskühlen lassen.

In der Zwischenzeit den Puderzucker in eine Schüssel sieben. Eiweiß hinzuquirlen, dann wenige Tropfen Zitronensaft hinzufügen, bis eine dicke, weiß-glänzende Paste entstanden ist. Abgedeckt ca. 1 Stunde bei Zimmertemperatur ruhen lassen. Das Royal Icing in einen Spritzbeutel mit kleiner Lochtülle füllen und die Lebkuchenmännchen nach Belieben verzieren.

Gut Ding will Weile haben ... Direkt nach dem Backen sind die Lebkuchen noch sehr hart. Lässt man sie aber einige Tage bei Zimmertemperatur liegen, werden sie herrlich zart. Schneller geht es, wenn du sie zusammen mit einem Apfel in eine Plätzchendose legst.

SO LECKER SCHMECKT ES:

CANTUCCINI
ohne Mehl

FÜR 50 STÜCK

3 getrocknete Feigen
100 g Mandeln
40 g Zucker
60 g weiche Butter
2 zimmerwarme Eier (Größe L)
2 Msp. gemahlene Vanille
1 Prise Salz
130 g gemahlene Mandeln
20 g geschrotete Goldleinsaat
1 gestr. Tl Backpulver
1 geh. Tl gemahlene Flohsamenschalen

Zubereitungszeit: ca. 25 Minuten (plus Quell- und Backzeit)

Pro Stück ca. 47 kcal/197 kJ

Den Backofen auf 160 °C vorheizen. Ein Backblech mit Backpapier auslegen. Feigen in erbsengroße Stücke schneiden. Die Mandeln grob hacken.

Zucker und Butter ca. 10 Minuten verquirlen. Die Eier nach und nach hinzugeben, dabei ständig weiterquirlen. Vanille, Salz, gemahlene Mandeln, Goldleinsaat, Backpulver und Flohsamenschalen hinzugeben. Alles gleichmäßig vermengen. Zum Schluss Feigen und grob gehackte Mandeln unterheben. Abgedeckt 5–10 Minuten quellen lassen.

Aus dem Teig zwei abgeflachte Rollen formen (25–30 cm). Die Rollen etwa 25 Minuten backen. Aus dem Ofen nehmen und einige Minuten abkühlen lassen. In 1 cm dicke Scheiben schneiden und diese auf dem Blech verteilen. Ca. 15 weitere Minuten knusprig backen. Cantuccini luftdicht verpackt aufbewahren.

SO LECKER SCHMECKT ES:

LEMONCURD-
Cookies

FÜR CA. 70 STÜCK

FÜR DAS LEMONCURD:
3 Eier
120 g Butter in Stücken
250 g Puderzucker
2 El abgeriebene Schale von Bio-Zitronen
140 ml frisch gepresster Zitronensaft

FÜR DEN TEIG:
250 g Mehl
200 g gemahlene Mandeln
½ Tl Backpulver
½ Tl Zimt
1 Prise Salz
150 g Zucker
250 g kalte Butter in Stücken
1 Ei
1 Eigelb

AUSSERDEM:
Butter für das Blech
Puderzucker zum Bestäuben

Zubereitungszeit: ca. 30 Minuten (plus Kühl- und Backzeit)

Pro Stück ca. 98 kcal/410 kJ

Alle Zutaten für das Lemoncurd über dem heißen Wasserbad unter ständigem Quirlen zu einer dicken Creme aufschlagen (das Ei darf dabei nicht stocken, sondern soll nur binden). Vom Herd nehmen und auskühlen lassen.

Für den Teig alle Zutaten rasch zu einem glatten Teig verkneten. In Folie gewickelt ca. 30 Minuten kalt stellen.

Den Backofen auf 180 °C vorheizen. Ein tiefes Backblech mit Butter einfetten. Zwei Drittel des Teiges gleichmäßig auf dem Backblech ausrollen (den restlichen Teig bis zur weiteren Verwendung kalt stellen). Den Boden mehrfach mit einer Gabel einstechen, dann 15 Minuten vorbacken. Inzwischen den restlichen Teig zwischen zwei Bögen Backpapier ca. 3 mm dick ausrollen, dann schräg in 1 cm breite Streifen schneiden.

Lemoncurd gleichmäßig auf dem vorgebackenen Boden verstreichen. Die Teigstreifen diagonal mit gleichmäßigem Abstand darauf platzieren. Ca. 10 Minuten weiterbacken. Auf einem Kuchengitter vollständig abkühlen lassen, dann in Streifen schneiden und mit Puderzucker bestäuben.

FÜR 50 STÜCK

4 Eiweiß
1 Prise Salz
300 g Puderzucker
25 g Mehl
300 g gemahlene Mandeln
einige Tropfen Bittermandelaroma
Zucker zum Bestreuen

SO LECKER SCHMECKT ES:

AMARETTINI

Zubereitungszeit: ca. 20 Minuten (plus Backzeit)

Pro Stück ca. 64 kcal/268 kJ

Das Eiweiß mit Salz steif schlagen. 100 g Puderzucker dazugeben und den Eischnee weiterschlagen, bis eine feste, glänzende Masse entstanden ist. Den Ofen auf 180 °C vorheizen.

Das Mehl mit den Mandeln und dem restlichen Puderzucker mischen. Den Eischnee und das Bittermandelaroma unterheben. Aus der Masse mithilfe eines Teelöffels kleine Häufchen auf ein mit Backpapier belegtes Blech setzen. Diese mit Zucker bestreuen und im Ofen auf der mittleren Schiene ca. 20 Minuten backen. Herausnehmen und abkühlen lassen. Die Amarettini trocken und kühl lagern.

SO LECKER SCHMECKT ES: ★★★★★

WEIHNACHTSKUGELN

FÜR CA. 20 STÜCK

100 g Mandeln
50 g Cashewkerne
200 g Datteln ohne Stein
50 g Trockenpflaumen
2 Tl Lebkuchengewürz
1 El Kakaopulver
2 El Kokosöl
2 El Mandelmus

AUSSERDEM:

100 g Kakaopulver und
½ Tl Zimt zum Wälzen

Mandeln und Cashewkerne im Mixer vorzerkleinern. Dann alle anderen Zutaten hinzugeben. Im Mixer glatt pürieren. Dabei immer wieder den Mixer ausschalten und die zähe Masse von den Seitenwänden herunterstreichen. Falls die Masse zu trocken sein sollte, etwas Wasser hinzufügen. Die Masse darf aber auf keinen Fall zu weich werden.

Die Masse in eine Schale umfüllen und für ca. 1 Stunde kühl stellen. Mit einem Teelöffel Nocken abstechen und diese mit möglichst kühlen Händen zu Kugeln rollen. Kakaopulver mit Zimt vermischen und die Kugeln rundum darin wälzen. Im Kühlschrank aufbewahren.

Zubereitungszeit: ca. 30 Minuten (plus Kühlzeit)
Pro Stück ca. 111 kcal/465 kJ

SO LECKER SCHMECKT ES: ★★★★★

LAVENDEL-
Heidesand

FÜR 50 STÜCK

150 g Butter
150 g Mehl
50 g gemahlene Mandeln
110 g Rohrohrzucker
1 Prise Salz
1 ½ El Lavendelblüten

Zubereitungszeit: ca. 30 Minuten (plus Kühl- und Backzeit)
Pro Stück ca. 47 kcal/197 kJ

Die Butter in einem Topf schmelzen und köcheln lassen, bis sie goldbraun ist. In eine Rührschüssel umfüllen und vollständig erkalten lassen.

Das Mehl mit den Mandeln mischen. 60 g Zucker und das Salz zur Butter geben und mit dem Handrührgerät cremig schlagen. Mehl-Mandel-Mischung und den Lavendel hinzugeben und zügig verrühren, bis Teigkrümel entstehen.

Die Teigstreusel mit den Händen zu drei Rollen mit je 3 cm Durchmesser formen. Den übrigen Zucker auf einen Teller geben und die Rollen darin wälzen, bis sie komplett ummantelt sind. Die Heidesand-Rollen anschließend auf einen Teller legen, mit Frischhaltefolie abdecken und ca. 8 Stunden kühl stellen. Die drei Rollen mit einem scharfen Messer in jeweils 5 mm dicke Scheiben schneiden. Diese auf zwei mit Backpapier belegte Backbleche legen.

Den Backofen auf 150 °C vorheizen und die Plätzchen ca. 20 Minuten hell backen. Auf einem Kuchengitter abkühlen lassen. In einer verschlossenen Blechdose sind die Plätzchen 3 Wochen haltbar.

SO LECKER SCHMECKT ES:

STREUSEL-
Rauten

FÜR 50 STÜCK

FÜR DEN TEIG:
350 g Mehl
175 g gemahlene Haselnüsse
350 g brauner Zucker
350 g vegane Margarine
½ Tl Zimt
2 Tl abgeriebene Schale von einer Bio-Zitrone

FÜR DIE FÜLLUNG:
1 Glas Sauerkirschen (370 g Abtropfgewicht)
1 Bio-Orange
1 Zimtstange
2 Sternanis
1 Vanilleschote
3 Kardamom-Kapseln
2 Piment-Körner
250 g Gelierzucker (2:1)

Zubereitungszeit: ca. 35 Minuten (plus Kühl- und Backzeit)

Pro Stück ca. 152 kcal/636 kJ

Mehl mit Haselnüssen in einer Schüssel mischen. Braunen Zucker im Blitzhacker fein mahlen und mit der Margarine in Stückchen hinzugeben. Alles glatt verkneten. ⅓ des Teiges abnehmen und mit dem Zimt verkneten. In Folie wickeln und etwa 2 Stunden kalt stellen.

Zitronenschale mit dem restlichen Teig verkneten. Ein Backblech mit Backpapier auslegen. Einen Backrahmen auf 24 x 24 cm einstellen. Den Zitronenteig mit den Fingern zu einem Boden festdrücken. Abgedeckt ebenfalls 2 Stunden kalt stellen.

Sauerkirschen abtropfen lassen und den Saft auffangen. Die Orange heiß waschen, trocknen und eine große Schalenspirale abschälen. Die Frucht auspressen.

Kirschen mit Orangensaft pürieren. Mit Kirschsaft auf 500 ml auffüllen. Mit Zimtstange, Schalenspirale und Sternanis in einen Topf geben. Die Vanilleschote längs aufschneiden und das Mark herausschaben. Beides zu den Kirschen geben. Kardamom-Kapseln aufbrechen und die schwarzen Körner zusammen mit den Piment-Körnern fein mahlen. Ebenfalls in den Topf geben und alles erwärmen. Dann die Mischung etwa 1 Stunde ziehen lassen.

Zimtstange, Vanilleschote, Schalenspirale und Sternanis aus der Kirschmischung nehmen. Den Gelierzucker hinzugeben. Unter Rühren aufkochen und ca. 4 Minuten sprudelnd kochen lassen. Vom Herd ziehen und etwas abkühlen lassen.

Den Backofen auf 180 °C vorheizen. Den Zitronenboden mit einer Gabel mehrfach einstechen, dann ca. 15 Minuten backen. Kirschmarmelade daraufstreichen. Zimtstreusel darüberkrümeln und alles etwa 25 weitere Minuten fertig backen. Herausnehmen, kurz abkühlen lassen, dann noch warm in kleine Rauten schneiden und auf dem Blech vollständig auskühlen lassen.

SO LECKER SCHMECKT ES: ★★★★★

Saftige ORANGENKEKSE

FÜR 40 STÜCK

110 g weiche Butter
120 g Zucker
1 P. Vanillezucker
70 g Frischkäse
30 g Mascarpone
1 Ei
2 El Orangensaft
1 Tl Natron
230 g Mehl
¼ Tl Kurkuma
1 Tl abgeriebene Schale von einer Bio-Orange

Zubereitungszeit: ca. 25 Minuten (plus Kühl- und Backzeit)

Pro Stück ca. 69 kcal/289 kJ

Butter, Zucker, Vanillezucker, Frischkäse, Mascarpone und das Ei schaumig quirlen. Den Orangensaft mit dem Natron mischen und zusammen mit dem Mehl, Kurkuma und der Orangenschale vorsichtig unterrühren. Den sehr klebrigen Teig abgedeckt mindestens 2 Stunden kühlen.

Den Backofen auf 175 °C vorheizen. Ein kaltes Backblech mit Backpapier belegen. Die Hälfte des Teigs aus dem Kühlschrank nehmen. Jeweils kleine Portionen abnehmen und mit den Händen zu 20 etwa haselnussgroßen Bällchen rollen. Den groben Zucker in einen tiefen Teller geben und die Bällchen darin wälzen. Anschließend mit reichlich Abstand zueinander auf einem vorbereiteten Backblech verteilen.

Die Orangenkekse 10–12 Minuten backen. Sie dürfen noch etwas weich sein. Auf dem Blech ca. 20 Minuten abkühlen lassen, erst danach vorsichtig lösen und auf einem Kuchengitter vollständig erkalten lassen. Mit Puderzucker bestäuben und mit der zweiten Hälfte des Teigs ebenso verfahren. In einer verschlossenen Blechdose aufbewahrt, sind die Plätzchen 3 Wochen haltbar.

Verzieren geht über studieren

Du kannst verschiedene Ornamente aus Papier ausschneiden, auf die Plätzchen legen und dann Puderzucker darüberstäuben.

SO LECKER SCHMECKT ES:

LEBKUCHENHAUS

FÜR 1 LEBKUCHENHAUS

300 g Honig
75 g Zucker
2 P. Vanillezucker
2 ½ Tl Lebkuchengewürz
1 Ei
50 g weiche Butter
600 g Mehl
30 g Kakaopulver
3 Tl Backpulver

AUSSERDEM:

Mehl für die Arbeitsfläche
Sahne zum Bestreichen
200 g Puderzucker
1 Eiweiß, Nüsse, Mandeln, Zuckerperlen und Süßigkeiten zum Verzieren
Puderzucker zum Bestäuben

Zubereitungszeit: ca. 1 Stunde 30 Minuten (plus Back-, Abkühl- und Trockenzeit)

Pro Stück ca. 5575 kcal/23341 kJ

Den Honig in einem Topf erwärmen, bis er flüssig ist. Mit Zucker, Vanillezucker, Lebkuchengewürz, Ei, Butter und 4 Esslöffeln Wasser verquirlen. Das Mehl mit dem Kakao- und dem Backpulver mischen und darübersieben. Mit den Händen zu einem festen Teig verkneten.

Aus Papier Schablonen für das Haus herstellen: Für das Dach zwei Schablonen von ca. 21 x 17 cm, für die Seiten zwei Schablonen von ca. 13 x 17 cm und für die Standplatte eine Schablone von ca. 27 x 24 cm Größe ausschneiden.

Den Backofen auf 200 °C vorheizen. Den Teig auf einer bemehlten Arbeitsfläche ½ cm dick ausrollen, die Schablonen auf den Teig legen und die Hausteile ausschneiden. Auf mit Backpapier ausgelegte Backbleche legen, nach Belieben eine Tür oder ein Fenster ausschneiden, alles mit Sahne bestreichen. Aus dem restlichen Teig die Schornsteinteile ausschneiden und ebenfalls mit Sahne bestreichen. Die Teigstücke im Ofen jeweils etwa 15 Minuten backen. Anschließend vom Papier lösen und auf Kuchengitter geben. Über Nacht abkühlen lassen.

Den Puderzucker in eine Schüssel sieben und mit Eiweiß zu einem dicken Guss verrühren. Mit diesem Guss die Hausteile auf der Gebäckplatte zu einem Haus zusammensetzen und trocknen lassen. Während des Trocknens abstützen. Die restlichen Verzierungen ebenfalls mit Guss bestreichen und das Haus damit schmücken. Nach Belieben mit Nüssen, Mandeln und Süßigkeiten verzieren und mit Puderzucker bestreuen.

SO LECKER SCHMECKT ES:

MOHN-SCHNECKEN
mit Cranberrys

FÜR 60 STÜCK

1 Bio-Orange
275 g Mehl
150 g Zucker
1 P. Vanillezucker
160 g weiche Butter
1 Ei
1 Prise Salz
20 g getrocknete Cranberrys
120 g Mohnback (FP)
200 g gehackte Mandeln

Zubereitungszeit: ca. 20 Minuten
(plus Kühl- und Backzeit)

Pro Stück ca. 79 kcal/331 kJ

Die Orange heiß waschen, trocknen und 2 Teelöffel Schale abreiben. Mit Mehl, Zucker, Vanillezucker, Butter, Ei und Salz zu einem glatten Teig verkneten und zu einem knapp 30 cm langen Strang formen. Zwischen zwei Lagen Backpapier ca. 0,5 cm dick rechteckig ausrollen. Zwischen dem Backpapier belassen und ca. 1 Stunde kühl stellen.

Die Cranberrys fein hacken. Das obere Backpapier entfernen. Mohnback mit den Händen auf dem Teig verteilen. Die Cranberrys daraufstreuen und das Rechteck von der langen Seite her zu einer festen Rolle formen, dafür das untere Backpapier zu Hilfe nehmen. Ist der Teig zu fest, kurz warten, bis er weicher und formbarer geworden ist.

Die gehackten Mandeln auf die Arbeitsfläche streuen und die Rolle darin einmal wälzen, sodass sie eine Mandelhülle bekommt. Anschließend abgedeckt ca. 2 weitere Stunden kühl stellen.

Den Backofen auf 190 °C vorheizen. Zwei Backbleche mit Backpapier auslegen. Von der Rolle mit einem scharfen Messer ca. 7 mm dicke Scheiben abschneiden. Mit Abstand auf die Bleche verteilen. Nacheinander im Ofen ca. 13 Minuten backen. Das zweite Backblech mit den noch ungebackenen Plätzchen so lange in den Kühlschrank stellen.

SO LECKER SCHMECKT ES:

ZITRONENHERZEN
mit Anis

FÜR 30 STÜCK

FÜR DEN TEIG:
100 g kalte Butter
80 g Zucker
1 P. Vanillezucker
40 g Zitronenjoghurt
abgeriebene Schale von einer Bio-Zitrone
100 g gemahlene Mandeln
200 g Mehl
½ Tl Anispulver

FÜR DEN GUSS:
100 g Puderzucker
2 El Zitronenjoghurt
2–3 El Zitronensaft

ZUM VERZIEREN:
100 g Zitronat (kandierte Zitronenstücke)

AUSSERDEM:
Mehl für die Arbeitsfläche
2 verschieden große Herzausstecher

Zubereitungszeit: ca. 35 Minuten (plus Kühl-, Back- und Abkühlzeit)

Pro Stück ca. 105 kcal/440 kJ

Für den Teig alle Zutaten in eine Schüssel geben und zügig zu einem glatten Teig verkneten. In Folie wickeln und ca. 1 Stunde in den Kühlschrank legen.

Den Backofen auf 175 °C vorheizen. Zwei Backbleche mit Backpapier auslegen. Den Teig auf einer bemehlten Arbeitsfläche 3–4 mm dick ausrollen. Aus dem Teig jeweils 30 große und 30 kleine Herzen ausstechen und auf die Backbleche legen. Nacheinander im Ofen 10–12 Minuten backen. Die Herzen auf einem Kuchengitter 30 Minuten abkühlen lassen.

Für den Guss den Puderzucker mit dem Joghurt und dem Saft dickflüssig glatt rühren. Die großen Herzen mit der Glasur bestreichen, ein kleines Herz mittig daraufsetzen und leicht andrücken. Das kleine Herz ebenfalls mit der Glasur bestreichen und mit den kandierten Zitronenstückchen (große Zitronenstücke halbieren) verzieren.

Die Zitronenherzen auf einem Kuchengitter vollständig trocknen lassen. In einer luftdicht verschlossenen Dose aufbewahrt, sind die Plätzchen ca. 3 Wochen haltbar.

SO LECKER SCHMECKT ES:

MARZIPANPLÄTZCHEN
mit Fruchtfüllung

FÜR 35 STÜCK

250 g Mehl
100 g Butter
150 g Marzipan-Rohmasse
50 g Zucker
1 Prise Salz
1 Ei
1 Eigelb
75 g getrocknete Datteln ohne Stein
50 g getrocknete Aprikosen
4 El Mandelmus

Zubereitungszeit: ca. 45 Minuten (plus Kühl- und Backzeit)

Pro Stück ca. 88 kcal/368 kJ

Das Mehl in eine Schüssel sieben. Die Butter in Stücken und das gehackte Marzipan hinzugeben. Zucker, Salz, Ei und Eigelb hinzufügen und alles zu einem glatten Teig verkneten. Den Teig zu einer Rolle von ca. 3 cm Durchmesser formen und in Folie gewickelt ca. 2 Stunden kalt stellen.

Die Datteln mit den Aprikosen und dem Mandelmus im Mixer glatt pürieren. Falls die Masse zu fest ist, etwas Wasser hinzugeben. Dann in einen Spritzbeutel mit glatter Lochtülle füllen (ca. 0,5 cm breite Öffnung) und ca. 30 Minuten kalt stellen.

Den Backofen auf 180 °C vorheizen. Ein Backblech mit Backpapier auslegen. Von der Teigrolle ca. 1 cm dicke Scheiben abschneiden und diese zu Kugeln formen. Mit einem Kochlöffelstiel Mulden formen. Das Fruchtpüree in die Mulden spritzen. Ca. 20 Minuten backen. Die Plätzchen auf dem Backpapier vom Blech ziehen und auskühlen lassen.

SO LECKER SCHMECKT ES:

MANDEL-
Macadamia-Florentiner

FÜR 20 STÜCK

100 g Mandeln
50 g Macadamianüsse
100 g Vollrohrzucker
60 g Kokosöl
50 g Reissirup
1 Tl gemahlene Vanille
½ Tl Zimt
150 g Apfelmark
25 g Quinoa-Pops

FÜR DIE GLASUR:

50 g vegane Zartbitter-schokolade
1 El Kokosöl

Zubereitungszeit: ca. 35 Minuten (plus Backzeit)

Pro Stück ca. 110 kcal/461 kJ

Den Backofen auf 180 °C vorheizen. Ein Backblech mit Backpapier auslegen.

Die Mandeln und die Macadamianüsse grob hacken. Zucker, Kokosöl, Reissirup, Vanille und Zimt aufkochen und leicht karamellisieren lassen. Das Apfelmark unterrühren und alles ca. 2 Minuten köcheln lassen. Die Nüsse und die Quinoa-Pops unterrühren.

Die Masse auf das Backpapier gießen und verteilen. Im vorgeheizten Backofen 15–17 Minuten goldbraun backen. Aus dem Backofen nehmen und auskühlen lassen.

Zum Verzieren die Schokolade hacken und mit dem Kokosöl im Wasserbad schmelzen. Mit einem Löffel die Schokolade über die Florentiner in dünnen Linien träufeln und aushärten lassen.

Die Florentiner mit einem leicht eingeölten Messer in Stücke schneiden.

SO LECKER SCHMECKT ES:

PFLAUMEN-RAVIOLI

FÜR 26 STÜCK

FÜR DEN TEIG:
250 g Mehl
140 g weiche Butter
30 g Zucker
1 P. Vanillezucker

FÜR DIE FÜLLUNG:
250 g Pflaumenmus
8 g Speisestärke
½ Tl Zimt

FÜR DIE GLASUR:
1 Eigelb
2 El Milch
1 Prise Zimt

AUSSERDEM:
Mehl für die Arbeitsfläche
runder Plätzchenausstecher
mit 8 cm Ø

Zubereitungszeit: ca. 30 Minuten
(plus Kühl- und Backzeit)

Pro Stück ca. 102 kcal/427 kJ

Alle Teigzutaten mit 30 ml Wasser zu einem glatten Teig verkneten. In Folie gewickelt ca. 1 Stunde kühl stellen.

Für die Füllung das Pflaumenmus mit Speisestärke und Zimt in einen Topf geben und kurz aufkochen lassen. Anschließend wieder auf Zimmertemperatur abkühlen lassen.

Den Backofen auf 180 °C vorheizen. Den Teig auf einer bemehlten Fläche ausrollen und 26 Kreise mit einem Durchmesser von 8 cm ausstechen. In die Mitte der Kreise etwas Mus geben, dann zu einem Halbkreis zusammenklappen und die Ränder mit einer Gabel zusammendrücken.

Für die Glasur Eigelb, Milch und Zimt mit einer Gabel aufschlagen und die Ravioli damit bestreichen. Die Ravioli auf ein mit Backpapier ausgelegtes Backblech legen und 20 Minuten backen. Anschließend auf einem Kuchengitter auskühlen lassen. Luftdicht verschlossen halten sich die Ravioli ca. 2 Wochen.

Variation
Ersetze Zimt durch frischen Ingwer. Dafür ein etwa 1 cm großes Stück Ingwer sehr fein reiben und zusammen mit dem Pflaumenmus und dem Sahnesteif aufkochen.

SO LECKER SCHMECKT ES: ★★★★★

NUSSHÖRNCHEN
mit Frischkäse

FÜR 32 STÜCK

FÜR DEN TEIG:
150 g Mehl
50 g Zucker
100 g kalte Butter
100 g Doppelrahmfrischkäse

ZUM UMHÜLLEN:
50 g gemahlene Haselnüsse
50 g brauner Zucker
½ Tl Zimt

Zubereitungszeit: ca. 20 Minuten (plus Kühl- und Backzeit)

Pro Stück ca. 74 kcal/310 kJ

Mehl und Zucker in eine Rührschüssel geben. Die kalte Butter in Stücken und den Frischkäse dazugeben. Alles von Hand oder mit dem Knethaken des Handrührgeräts rasch zu einem geschmeidigen Teig verkneten. Den Teig in Frischhaltefolie gewickelt mindestens 1 Stunde im Kühlschrank kalt stellen.

Den Backofen auf 180 °C vorheizen. Zwei Backbleche mit Backpapier auslegen. Für die Füllung die gemahlenen Haselnüsse mit dem braunen Zucker und dem Zimt vermischen.

Den gekühlten Teig halbieren und zu zwei Kugeln formen. Ein Viertel der Nuss-Zucker-Mischung auf die Arbeitsfläche streuen. Eine der beiden Teigkugeln darauf gleichmäßig zu einem etwa 3 mm dicken Kreis ausrollen. Mit einem Viertel der Nuss-Zucker-Mischung bestreuen. Den Kreis in 16 Kuchenstücke schneiden. Die einzelnen Stücke jeweils von der breiten Seite her zu kleinen Hörnchen aufrollen. Mit der anderen Teigkugel genauso verfahren.

Die Hörnchen auf die Bleche setzen und die Bleche nacheinander jeweils ca. 12 Minuten backen, bis die Hörnchen goldbraun und knusprig sind. Auf einem Kuchengitter abkühlen lassen.

WEIHNACHTSBÄCKEREI FÜR DIE FAMILIE

SO LECKER SCHMECKT ES:

SCHOKOKÜSSE
mit Zimt

FÜR 35 STÜCK

FÜR DEN TEIG:
70 g Butter
1 Ei
70 g Zucker
100 g Mehl
1 Tl Weinstein-Backpulver
1 El Kakaopulver
1 Prise Salz
100 ml Milch

FÜR DAS TOPPING:
125 g Zartbitterschokolade
40 ml Sahne
175 g Frischkäse
25 g Puderzucker
1 Msp. Zimt

AUSSERDEM:
35 Pralinenförmchen

Zubereitungszeit: ca. 40 Minuten
(plus Back- und Kühlzeit)

Pro Stück ca. 81 kcal/339 kJ

Den Backofen auf 200 °C vorheizen. Die Butter in einem Topf zerlassen. Dann vom Herd nehmen und leicht abkühlen lassen.

Das Ei mit dem Zucker schaumig quirlen. Die Butter in dünnem Strahl dazugießen, dabei weiterquirlen. Mehl mit Backpulver, Kakaopulver und Salz mischen. Zur Eier-Mischung geben und zusammen mit der Milch verquirlen.

Den Teig in einen Spritzbeutel mit Lochtülle füllen und auf die Pralinenförmchen verteilen. Die Förmchen auf ein Backblech setzen und ca. 12 Minuten backen. Auf einem Kuchengitter auskühlen lassen.

Für das Topping die Zartbitterschokolade hacken und mit der Sahne zerlassen. Dann vom Herd ziehen und etwas abkühlen lassen. Den Frischkäse mit dem Puderzucker und dem Zimt verquirlen. Die Schokolade in dünnem Strahl dazugießen und dabei weiterquirlen.

Die Masse in einen Spritzbeutel mit kleiner Sterntülle füllen und ca. 30 Minuten kalt stellen, bis sie spritzfähig ist. Kleine Schokoladenhäubchen auf die Küchlein spritzen und bis zum Servieren kalt stellen.

SO LECKER SCHMECKT ES:

QUARK-STOLLEN-
Gugels

FÜR 12 STÜCK

FÜR DEN TEIG:
25 g getrocknete Aprikosen
25 g kandierter Ingwer
30 g Pistazien
50 g gehackte Haselnüsse
30 g Marzipanrohmasse
150 g weiche Butter
3 Eier
1 Prise Salz
50 g Zucker
1 Tl Christstollengewürz
200 g Magerquark
175 g Mehl
1 El Backpulver

ZUM BEPINSELN:
75 g Butter
100 g Zucker

AUSSERDEM:
Butter und Mehl für die Form
Puderzucker zum Bestäuben
12er-Mini-Gugelhupfform
(Mulden à 6 cm Ø)

Zubereitungszeit: ca. 40 Minuten
(plus Backzeit)

Pro Stück ca. 343 kcal/1436 kJ

Den Backofen auf 175 °C vorheizen. Die Mulden der Gugelhupfform mit Butter ausstreichen und mit Mehl ausstäuben.

Die getrockneten Aprikosen und den kandierten Ingwer sehr fein hacken. Die Pistazien mahlen. Alles zusammen mit den gehackten Haselnüssen in einem Topf mischen. Das klein gehackte Marzipan und die Butter hinzugeben und alles unter Rühren bei mittlerer Hitze erhitzen, bis Butter und Marzipan geschmolzen sind.

Die Eier mit Salz und Zucker schaumig schlagen. Das Stollengewürz darunterquirlen, dann nach und nach den Quark und die lauwarme Butter-Mischung unterrühren. Mehl mit Backpulver mischen, darübersieben und unterrühren.

Den Teig auf die Förmchen verteilen, glatt streichen und auf der mittleren Schiene ca. 25 Minuten backen. Die Form nach erfolgreicher Stäbchenprobe aus dem Ofen nehmen. Die Gugelhupfe kurz in der Form ruhen lassen, dann auf ein Kuchengitter stürzen.

Die Butter zum Bepinseln zerlassen. Die noch heißen Gugelhupfe damit bestreichen und sofort mit dem Zucker bestreuen. Vollständig auskühlen lassen. Mit Puderzucker bestäubt servieren.

SO LECKER SCHMECKT ES:

GUGELHUPF
mit Bratapfelcreme

FÜR 24 STÜCK

FÜR DEN TEIG:
200 g Spekulatius
300 g weiche Butter
200 g Zucker
1 P. Vanillezucker
1 Prise Salz
6 Eier
500 g Mehl
1 P. Backpulver
175 ml Milch

FÜR DIE BRATAPFELCREME:
2 Eiweiß
1 Prise Salz
25 g Zucker
250 g Mascarpone
250 ml Sahne
100 g Bratapfelkonfitüre

AUSSERDEM:
Butter und Mehl für die Form
Puderzucker zum Bestäuben

Zubereitungszeit: ca. 35 Minuten
(plus Back- und Abkühlzeit)

Pro Stück ca. 350 kcal/1465 kJ

Den Backofen auf 175 °C vorheizen. Eine Gugelhupfform (ca. 2 l Inhalt) mit Butter ausstreichen und mit Mehl ausstäuben. Spekulatius in einen Gefrierbeutel füllen und so lange mit der Küchenrolle darüberfahren, bis alles krümelig ist.

Die Butter mit Zucker, Vanillezucker und Salz schaumig schlagen. Nach und nach die Eier darunterquirlen. Mehl mit Backpulver mischen und über den Teig sieben. Alles zusammen mit der Milch zu einem glatten Teig verquirlen. Zum Schluss die Spekulatiusbrösel unterheben.

Den Teig in die Form füllen, glatt streichen und auf der mittleren Schiene ca. 60 Minuten backen. Den Kuchen nach erfolgreicher Stäbchenprobe aus dem Ofen nehmen. Kurz in der Form ruhen lassen, dann auf ein Kuchengitter stürzen und vollständig auskühlen lassen.

Für die Bratapfelcreme Eiweiß mit Salz steif schlagen. Den Zucker dazugeben und so lange weiterschlagen, bis sich die Zuckerkristalle aufgelöst haben und die Masse wieder steif ist. Bis zur weiteren Verwendung kalt stellen. Mascarpone und Sahne steif schlagen. Die Bratapfelkonfitüre erst glatt pürieren, dann darunterquirlen. Zum Schluss den Eischnee unterheben. Den Kuchen mit Puderzucker bestäuben und mit Bratapfelcreme servieren.

SO LECKER SCHMECKT ES:

KNUSPERBURSCHEN

Das stellst du bereit:
Küchenwaage, Rührschüssel, elektrisches Handrührgerät mit Quirlstäben, Frischhaltefolie, 3 Backbleche, 3 Bögen Backpapier, Gabel, Küchenwecker, Ofenhandschuhe, Kuchengitter, Teelöffel

Das brauchst du:
FÜR CA. 50 STÜCK

250 g weiche Butter
180 g Zucker
1 P. Vanillezucker
2 Eiweiß
1 Prise Salz
390 g Mehl
60 g Speisestärke
2 El Backkakao
1 Tl Zimt

ZUM VERZIEREN:

200 g Bourbon-Vanille-Kuchenglasur
100 g Schokoladentropfen

Zubereitungszeit: ca. 30 Minuten (plus Kühl- und Backzeit)

Pro Stück ca. 117 kcal/490 kJ

So gehts:

1 Gib die Butter mit Zucker, Vanillezucker, den Eiweißen und so viel Salz, wie du zwischen Daumen und Zeigefinger fassen kannst in eine Rührschüssel. Verquirle erst alles auf kleinster Stufe, dann schalte höher und quirle so lange weiter, bis die Mischung schön cremig ist. Jetzt kannst du Mehl, Speisestärke, Backkakao und Zimt hinzufügen und die Masse mit deinen Händen kräftig zu einem Teig verkneten.

2 Forme den klebrigen Teig zu einer Kugel. Wickle ihn in Frischhaltefolie und lege ihn für mindestens 30 Minuten in den Kühlschrank, damit er wieder fest wird.

3 Lege drei Backbleche mit Backpapier aus. Hole den Teig aus dem Kühlschrank und nimm immer kleine Stückchen davon ab. Rolle sie zu walnussgroßen Kugeln. Drücke die Kugeln mit den Händen etwas platt, lege sie auf die Bleche und drücke sie mit eine Gabel am Rand etwas ein.

4 Falls der Teig zu weich geworden ist, kannst du die Bleche einfach noch mal 30 Minuten in den Kühlschrank stellen. Heize den Backofen auf 160 °C vor und schiebe dann ein Blech in den Ofen. Backe die Plätzchen etwa 15 Minuten knusprig. Sobald ein Blech fertig ist, kann das nächste in den Ofen. Die fertigen Plätzchen lässt du auf einem Kuchengitter abkühlen.

5 Lasse die Kuchenglasur nach Packungsanweisung schmelzen und dann wieder abkühlen, bis sie nur noch lauwarm und zähflüssig ist. Verteile sie dann mit einem Teelöffel auf den Plätzchen und verziere sie mit den Schokoladentropfen. Warte, bis der Schokoguss ganz fest ist und lagere die Plätzchen in einer verschlossenen Dose. So sind sie ca. 4 Wochen haltbar.

SO LECKER SCHMECKT ES: ★★★★★

GEBRANNTE MANDELN
mit Zimt

Das stellst du bereit:
Küchenwaage, Topf, Kochlöffel, Backblech, 1 Bogen Backpapier, Ofenhandschuhe, Küchenwecker

Das brauchst du:
FÜR CA. 4 PORTIONEN

150 g Puderzucker
200 g Mandeln mit Haut
1 Tl gemahlener Zimt

Zubereitungszeit: ca. 25 Minuten (plus Backzeit)

Pro Portion ca. 448 kcal/1876 kJ

So gehts:

1 Schütte den Puderzucker in einen Topf und gieße 100 ml Wasser hinzu. Jetzt erhitze alles, und lass die Mischung etwa 10 Minuten köcheln.

2 Gib die Mandeln in den Topf und rühre sie mit einem Kochlöffel unter. Lass alles weitere 5 Minuten köcheln, bis der Zucker eine schöne, hellbraune Farbe angenommen hat. Dunkler sollte er auf keinen Fall werden, sonst wird er bitter. Jetzt rühre noch den Zimt unter die Mischung und verteile die Mandeln anschließend auf einem mit Backpapier ausgelegten Backblech. Lasse sie abkühlen.

3 Heize den Backofen auf 160 °C vor. Backe die Mandeln etwa 20 Minuten knusprig. Ab und an sollte das Blech herausgeholt werden und die Mandeln mit einem Kochlöffel gewendet werden. Das lässt du besser einen Erwachsenen machen.

4 Jetzt müssen die Nüsse nur noch vollständig abkühlen, dann kannst du sie in hübsche Tüten verpacken und verschenken – und du selbst kannst natürlich auch davon naschen!

SO LECKER SCHMECKT ES:

EISBÄRTATZEN

Das stellst du bereit:

Küchenwaage, 2 Rührschüsseln, elektrisches Rührgerät mit Quirlstäben, Sieb, Kochlöffel, Backblech, 1 Bogen Backpapier, Gebäckspritze, Küchenwecker, Ofenhandschuhe, Küchenmesser, Edelstahlschüssel, Topf, Esslöffel, Küchenpinsel

Das brauchst du:
FÜR CA. 30 STÜCK

125 g weiche Butter
125 g Zucker
1 P. Vanillezucker
1 Ei
250 g Mehl
1 Eiweiß
200 g weiße Kuvertüre
3 El Sahne
Mandelsplitter zum Verzieren

Zubereitungszeit: ca. 40 Minuten (plus Back- und Abkühlzeit)

Pro Stück ca. 120 kcal/502 kJ

So gehts:

1 Heize schon mal den Backofen auf 175 °C vor. Gib Butter, Zucker und Vanillezucker in eine Rührschüssel und verquirle alles mit dem Rührgerät. Gib dann das Ei hinzu und verquirle es mit der Mischung. Nun kannst du das Mehl dazusieben und alles mit einem Kochlöffel verrühren.

2 Spüle die Quirstäbe gründlich ab und gib das Eiweiß in eine saubere Schüssel. Jetzt verquirlst du das Eiweiß so lange, bis es fester Eischnee geworden ist. Rühre es dann zum Teig und gib den Teig portionsweise in eine Gebäckspritze.

3 Lege ein Backblech mit Backpapier aus und spritze etwa daumenlange Stränge auf das Blech. Forme sie mit den Händen ein bisschen oval. Stecke vorne jeweils 5 Mandelsplitter in den Teig – das sind dann die Krallen. Jetzt kommt das Blech in den Ofen und die Eisbärtatzen werden ca. 15 Minuten gebacken.

4 Lasse die Eisbärtatzen auf einem Kuchengitter komplett auskühlen. Hacke dann die Kuvertüre und gib sie mit der Sahne in eine Edelstahlschüssel, die auf einen kleinen Topf passt. In den Topf kommt ca. 200 ml Wasser, dann setzt du die Edelstahlschüssel in den Topf. Durch das Erhitzen des Wassers wird dann die Kuvertüre sanft geschmolzen. Dabei musst du immer mal wieder mit einem Esslöffel umrühren.

5 Bepinsle die Tatzen mit der Kuvertüre und lasse sie anschließend komplett trocknen.

SO LECKER SCHMECKT ES: ★★★★★

ROSA HERZ-TALER

Das stellst du bereit:

Küchenwaage, Rührschüssel, Küchenmesser, Frischhaltefolie, Zentimetermaß, Platte, Nudelholz, Küchenwecker, 2 Bögen Backpapier, Backblech, Ofenhandschuhe

Das brauchst du:

FÜR CA. 25 STÜCK

250 g Mehl
50 g gemahlene Mandeln
150 g kalte Butter
125 g Zucker
1 Ei
1 Prise Salz
rote Lebensmittelfarbe

AUSSERDEM:

150 g gehackte Mandeln zum Wälzen

Zubereitungszeit: ca. 35 Minuten
(plus Kühl-, Gefrier- und Backzeit)

Pro Stück ca. 149 kcal/624 kJ

So gehts:

1 Mische das Mehl mit den Mandeln in einer Schüssel. Schneide die Butter in Stückchen und gib sie dazu. Jetzt kommt noch das Ei und das Salz hinein und dann kannst du mit den Händen auch schon alles verkneten.

2 Halbiere den Teig. Wickle eine der Teighälften schon mal in Frischhaltefolie und lege sie in den Kühlschrank. Gib zur anderen Teighälfte etwas Lebensmittelfarbe und verknete alles, bis der Teig rosa ist. Wickle auch diese Teighälfte in Frischhaltefolie und lasse sie etwa 30 Minuten im Kühlschrank wieder fest werden.

3 Hol den rosa Teig aus dem Kühlschrank und forme ihn zu einer etwa 25 cm langen Rolle. Drücke die Rolle auf einer Seite spitz zusammen und auf der gegenüberliegenden Seite drückst du mit einem Messerrücken eine Rille hinein. Wenn du die Rolle jetzt von vorne anguckst, hat sie eine Herzform. Lege die Rolle auf eine Platte und dann für 1 Stunde ins Tiefkühlfach.

4 Hole den hellen Teig aus dem Kühlschrank und rolle ihn zwischen zwei Lagen Backpapier zu einem Rechteck von 25 x 7 cm aus. Am Anfang geht das schwer, weil der Teig noch fest ist, dann geht es aber immer leichter. Lege nun die angefrorene Herzrolle darauf und umwickle sie mit dem hellen Teig. Drücke diesen gut fest. Verteile die Mandeln auf deiner Arbeitsfläche und rolle den Teig darin herum, bis er mit Mandeln bedeckt ist. Lege die Rolle noch mal für 1 Stunde in den Kühlschrank.

5 Heize den Backofen auf 180 °C vor und lege ein Backblech mit Backpapier aus. Schneide die Teigrolle in ca. 1 cm dicke Scheiben und verteile sie auf dem Blech. Backe deine Plätzchen ca. 15 Minuten, bis der Rand und die Mandeln zart braun werden. Ziehe dann die Plätzchen mit dem Backpapier vom Blech und lasse sie abkühlen.

Das brauchst du:

FÜR CA. 40 STÜCK
- 500 g Studentenfutter
- 3 Eiweiß (Größe S)
- 75 g Puderzucker
- 200 g Zartbitterschokolade

Zubereitungszeit: ca. 25 Minuten
(plus Back- und Trockenzeit)

Pro Stück ca. 97 kcal/406 kJ

SO LECKER SCHMECKT ES:

STUDENTENFUTTER-HÄUFCHEN
mit Schokohut

 **Das stellst du bereit:**

Küchenwaage, Backblech, Backpapier, Küchenmesser, 2 Rührschüsseln, elektrisches Rührgerät mit Quirlstäben, Kochlöffel, Teelöffel, Küchenwecker, Edelstahlschüssel, Topf, Teelöffel

So gehts:

1 Heize den Backofen auf 180 °C vor und lege ein Backblech mit Backpapier aus. Hacke das Studentenfutter in grobe Stücke und gib es dann in eine Rührschüssel.

2 Gib das Eiweiß mit dem Puderzucker in eine zweite Rührschüssel und verquirle alles mit dem Rührgerät. Jetzt kommt die Mischung zum Studentenfutter und du kannst alles mit dem Kochlöffel vermengen.

3 Nimm mit einem Teelöffel etwas von der Masse ab und gib es als Häufchen auf das Backblech. Das machst du, bis die gesamte Mischung verbraucht ist. Achte dabei darauf, dass die Ränder nicht zu dünn werden, sonst brechen sie später ab. Backe die Häufchen im heißen Ofen 20–25 Minuten goldgelb. Anschließend lässt du sie komplett abkühlen.

4 Hacke die Schokolade und gib sie in eine Edelstahlschüssel, die auf einen Topf passt. Gieße etwa 200 ml Wasser in den Topf, setze die Schüssel darauf und lasse die Schokolade unter Rühren schmelzen. Beträufle anschließend mit einem Teelöffel deine Häufchen. Lass dann alles wieder komplett trocknen.

Das brauchst du:
FÜR CA. 50 STÜCK
- 500 g weiße Kuvertüre
- 50 g Kokosöl
- 200 g Cornflakes
- ½ Tl flüssiges Vanillearoma
- 25 g gehackte Pistazien

Zubereitungszeit: ca. 30 Minuten

Pro Stück ca. 65 kcal/272 kJ

SO LECKER SCHMECKT ES:

WEISSE SCHOKOKNUSPERCHEN
mit Pistazien

 **Das stellst du bereit:**
Küchenwaage, Zentimetermaß, Topf, Küchenmesser, Edelstahlschüssel, Rührschüssel, Kochlöffel, 2 Teelöffel, 1 Bogen Backpapier

So gehts:

1 Gieße etwa 3 cm hoch Wasser in einen Topf und erhitze es schon mal. Hacke dann die weiße Kuvertüre und gib sie zusammen mit dem Kokosöl in eine Edelstahlschüssel, die du in den Topf hängen kannst. Lasse jetzt alles unter Rühren schmelzen.

2 Fülle die Flakes in eine große Schüssel gieße die Kuvertüre dazu. Verrühre alles mit einem Kochlöffel. Nimm dann von der Mischung mit zwei Teelöffeln etwas ab und setze ein Häufchen auf einen Bogen Backpapier. Mach das mit der gesamten Mischung.

3 Solange die Schokolade noch weich ist, kannst du noch gehackte Pistazien zum Verzieren auf die Häufchen streuen. Lass dann alles trocknen und bewahre deine Plätzchen in Keksdosen auf.

SO LECKER SCHMECKT ES: ⭐⭐⭐⭐⭐

SCHNEEBÄLLCHEN

Das stellst du bereit:

Küchenwaage, Küchenreibe, Rührschüssel, Frischhaltefolie, Küchenwecker, Pfanne, Kochlöffel, Zentimetermaß, 2 Backbleche, 2 Bögen Backpapier, Ofenhandschuhe, Sieb, 2 Schalen

Das brauchst du:
FÜR CA. 50 STÜCK

FÜR DEN TEIG:
250 g weiche Butter
100 g Puderzucker
abgeriebene Schale von einer Bio-Zitrone
240 g Speisestärke
100 g Mehl

FÜR DIE FÜLLUNG:
7 El Kokosraspel

FÜR DIE DEKO:
150 g Puderzucker
3 El Zitronensaft
7 El Kokosraspeln

Zubereitungszeit: ca. 25 Minuten (plus Kühl- und Backzeit)

Pro Stück ca. 103 kcal/431 kJ

So gehts:

1 Gib alle Zutaten für den Teig in eine Schüssel und verknete sie mit den Händen zu einem Teig. Wickle den Teig anschließend in Frischhaltefolie und lege ihn ca. 30 Minuten in den Kühlschrank.

2 Röste die Kokosraspel für die Füllung in einer Pfanne ohne Fett, bis sie goldgelb sind. Rühre dabei mit dem Kochlöffel langsam um, denn sonst die Raspeln können sonst verbrennen. Lass die Raspeln anschließend abkühlen.

3 Heize schon mal den Backofen auf 180 °C Umluft vor. Teile den Teig in drei gleich große Stücke und forme daraus Rollen mit ca. 4 cm Durchmesser. Schneide die Rollen in etwa 1 cm dicke Scheiben. Drücke dann mit dem Daumen eine Mulde in jede Scheibe und gib etwa einen halben Teelöffel Kokosraspel hinein. Verschließe dann die Füllung um die Raspel und rolle daraus mit den Händen etwa walnussgroße Bällchen.

4 Lege zwei Backbleche mit Backpapier aus und setze die Bällchen darauf. Jetzt lässt du sie etwa 13 Minuten backen und dann vollständig erkalten.

5 Siebe den Puderzucker in eine Schale und verrühre ihn mit dem Zitronensaft. Schütte die Kokosraspeln für die Deko in eine zweite Schale. Bepinsle anschließend die Plätzchen mit dem Puderzuckerguss und wälze sie anschließend in den Kokosraspeln. Lasse jetzt alles trocknen und bewahre die Plätzchen in einer verschlossenen Blechdose auf. So sind sie 3 Wochen haltbar, wenn du sie nicht vorher schon vernaschst.

SO LECKER SCHMECKT ES: ★★★★★

STREUSELSTERNE

Das stellst du bereit:
Küchenwaage, 2 Rührschüsseln, Frischhaltefolie, Küchenwecker, Nudelholz, Zentimetermaß, 2 Bögen Backpapier, Sternausstecher, 2 Backbleche, Küchenpinsel, Küchenwecker, Ofenhandschuhe

Das brauchst du:
FÜR CA. 45 STÜCK

FÜR DEN TEIG:
200 g weiche Butter
90 g Puderzucker
1 Prise Salz
1 Eigelb
150 g gemahlene Mandeln
170 g Mehl
2 El Backkakao

FÜR DIE STREUSEL:
150 g Mehl
75 g Zucker
1 Prise Salz
75 g Butter

AUSSERDEM:
100 g Apfelgelee

So gehts:

1 Gib für den Teig alle Zutaten in eine Schüssel und verknete sie mit den Händen. Dann wickle den Teig in Frischhaltefolie und lege ihn für mindestens 1 Stunde in den Kühlschrank.

2 Mit den Zutaten für die Streusel machst du einfach dasselbe: Alles in eine Schüssel geben, verkneten, in Folie wickeln und kalt stellen.

3 Heize schon mal den Backofen auf 175 °C vor und rolle dann den Teig zwischen zwei Bögen Backpapier etwa 3 mm dick aus. Steche so viele Sterne wie möglich aus. Knete die Teigreste noch mal zusammen und rolle den Teig wieder aus. Steche dann wieder so viele Sterne wie möglich aus – das machst du so lange, bis der Teig verbraucht ist.

4 Lege die Backpapierbögen auf zwei Backbleche. Verteile darauf die Sterne, bestreiche sie mit Apfelgelee und krümele den Streuselteig darüber. Backe deine Sterne nun 10 Minuten goldgelb. Lasse sie dann auf einem Kuchengitter abkühlen. In einer verschlossenen Blechdose sind die Plätzchen bis zu 4 Wochen haltbar.

Zubereitungszeit: ca. 25 Minuten
(plus Kühl- und Backzeit)

Pro Stück ca. 113 kcal/473 kJ

WEIHNACHTSBÄCKEREI FÜR KINDER

So lecker schmeckt es:  ★★★★

VANILLE-SCHOKO-COOKIES

Das stellst du bereit:
Backblech, 1 Bogen Backpapier, Küchenwaage, Küchenmesser, Rührschüssel, elektrisches Rührgerät mit Quirlstäben, Esslöffel, Zentimetermaß, Küchenwecker, Ofenhandschuhe, Topf

Das brauchst du:
FÜR CA. 20 STÜCK

FÜR DEN TEIG:
100 g Zartbitterkuvertüre
100 g weiche Butter
50 g Zucker
100 g brauner Zucker
1 Ei
5 Tl Vanillearoma
100 g Mehl
75 g gemahlene Haselnüsse
1 Tl Backpulver

FÜR DIE DEKO:
100 g Bourbon-Vanille-Glasur
100 g Zartbitter Glasur
Zucker-Streusel nach Belieben

So geht's:

1 Heize schon mal den Backofen auf 180 °C vor und lege ein Backblech mit Backpapier aus. Hacke anschließend die Zartbitterkuvertüre. Nimm 30 g davon weg und behalte das zum Verzieren übrig.

2 Gib die Butter mit hellem und braunem Zucker in eine Rührschüssel und quirle die Mischung cremig. Gib dann das Ei und das Vanillearoma hinzu und verquirle alles gut. Jetzt kommen Mehl, Haselnüsse, Backpulver und die 70 g gehackte Kuvertüre hinein. Verrühre alles gründlich.

3 Nimm mit einem angefeuchteten Esslöffel kleine Portionen von dem Teig ab und setze sie auf das Backblech. Lasse dazwischen immer etwas Abstand und verstreiche den Teig zu Cookies mit etwa 5 cm Durchmessern.

4 Backe die Plätzchen 10–12 Minuten goldbraun und lasse sie dann auf dem Blech abkühlen.

5 Lasse beide Glasuren nach Packungsanweisung schmelzen und verziere damit deine Cookies, so, wie es dir gefällt! Streue in den weichen Guss noch die gehackte Kuvertüre, die du beiseitegestellt hast, und lass dann alles trocknen. In einer verschlossenen Blechdose aufbewahrt sind die Plätzchen 3 Wochen haltbar.

Zubereitungszeit: ca. 25 Minuten
(plus Back- und Abkühlzeit)

Pro Stück ca. 178 kcal/745 kJ

SO LECKER SCHMECKT ES: ★★★★★

SCHNEEMÄNNER
am Stiel

Das stellst du bereit:
Küchenwaage, Rührschüssel, Sieb, elektrisches Rührgerät mit Quirlstäben, Küchenpinsel, 8 Holzspatel (aus der Apotheke), Küchenschere

Das brauchst du:
FÜR CA. 8 STÜCK

1 Eiweiß
100 g Puderzucker
32 weiße Pfeffernüsse
48 kleine Schokolinsen
9 Lakritzschnecken
8 Dominosteine

Zubereitungszeit: ca. 15 Minuten
Pro Stück ca. 420 kcal/1758 kJ

So gehts:

1 Gib das Eiweiß in eine Schüssel und siebe den Puderzucker dazu. Verquirle beides mit dem Rührgerät.

2 Pro Schneemann pinselst du nun auf die Unterseiten von 4 Pfeffernüssen etwas Zuckerguss. Dazwischen steckst du einen Holzspatel, den du ebenfalls mit Zuckerguss bestrichen hast. So hast du nun zwei Doppeldecker am Stiel. Drücke diese leicht fest.

3 Klebe nun mit dem Zuckerguss jeweils untereinander 3 Schokolinsen auf den unteren Pfefferkuchen. Auf den oberen Pfefferkuchen klebst du mit 2 Schokolinsen die Augen und die Nase.

4 Eine Lakritzschnecke entrollst du und schneidest 8 kleine Stücke ab. Diese klebst du mit etwas Zuckerguss als Münder auf die oberen Pfefferkuchen. Klebe ganz oben mit Zuckerguss die restlichen Lackritzschnecken als Hutkrempen auf und darauf wiederum als Hüte die Dominosteine. Jetzt muss alles nur noch trocknen!

SO KLAPPT'S GANZ EINFACH!
AM ANFANG KANN NOCH ALLES VERRUTSCHEN ... DAMIT DER HUT HÄLT, STÜTZE IHN AM BESTEN AB, BIS ALLES GETROCKNET IST.

AUCH LECKER!

Anstelle von Rosinen und Mandeln sehen die Cantuccini auch mit Pistazien und Cranberrys zubereitet sehr schön aus und schmecken natürlich ebenso gut!

SO LECKER SCHMECKT ES:

CANTUCCINI
mit Rosinen und Mandeln

Das stellst du bereit:
Backblech, 1 Bogen Backpapier, Parmesanreibe, Küchenwaage, Rührschüssel, Küchenmesser, Küchenwecker, Ofenhandschuhe, Zentimetermaß

Das brauchst du:
FÜR CA. 60 STÜCK

1 Bio-Orange
200 g Puderzucker
1 P. Vanillezucker
350 g Mehl
75 g weiche Butter
2 Eier (Größe S)
75 g Rosinen
40 g Mandeln
1 Prise Salz

Zubereitungszeit: ca. 20 Minuten
(plus Back- und Abkühlzeit)

Pro Stück ca. 53 kcal/222 kJ

So gehts:

1 Heize den Backofen schon mal auf 180 °C vor und lege ein Backblech mit Backpapier aus. Wasche die Orange gründlich ab und rasple mit der Parmesanreibe vorsichtig die orangefarbene Haut ab.

2 Jetzt kommen einfach alle Zutaten in eine Schüssel. Verknete alles mit den Händen und teile den Teig in ungefähr zwei Hälften. Forme jede Hälfte zu einer etwa 30 cm langen Rolle, lege die Rollen auf das Backblech und backe sie etwa 25 Minuten.

3 Jetzt kommt das Blech raus aus dem Ofen, der Ofen selbst bleibt aber an. Lasse die Teigrollen etwa 15 Minuten abkühlen. Schneide sie dann mit einem Messer in etwa 2 cm dicke Scheiben. Lass dir dabei am besten von einem Erwachsenen helfen, denn das Messer muss scharf sein, damit die Cantuccini nicht brechen.

4 Verteile die Scheiben auf dem Blech und backe sie im Backofen auf der unteren Schiene weitere 15–20 Minuten. Sie sollen schön knusprig sein, aber sie sollen nicht zu braun werden. Lasse sie dann einfach auf dem Backblech abkühlen. Zum Aufbewahren gibst du die Cantuccini in eine Dose mit Deckel.

WEIHNACHTSBÄCKEREI FÜR KINDER

SO LECKER SCHMECKT ES: ★★★★★

KENTUCKY-BUTTER-Gugels

Das stellst du bereit:
Küchenwaage, Rührschüssel, elektrisches Rührgerät mit Quirlstäben, Küchenpinsel, Blech mit 24 Mini-Gugelhupfförmchen, Teelöffel, Küchenwecker, Ofenhandschuhe, Topf, Kuchengitter

Das brauchst du:
FÜR CA. 24 STÜCK

FÜR DEN TEIG:
180 g Zucker
2 Eier
1 Päckchen Vanillezucker
210 g Mehl
110 g weiche Butter
100 g Buttermilch
1 Tl Natron

FÜR DAS TOPPING:
100 g Salted Caramel Fudge
125 g zweifarbige Kakao-Glasur

AUSSERDEM:
weiche Butter zum Einfetten

So gehts:

1 Heize schon mal den Backofen auf 160 °C vor. Gib dann einfach alle Zutaten für den Teig in eine Rührschüssel und verquirle sie mit dem Rührgerät. Quirle nicht zu lang, sondern nur so lange, bis alles gründlich vermengt ist.

2 Pinsle die Vertiefungen der Gugels mit etwas weicher Butter ein. Verteile dann den Teig mit einem Teelöffel auf die Mulden und backe deine Gugels ca. 15 Minuten.

3 Hole sie dann aus den Mulden. Bevor die Glasur daraufkommt, müssen die Gugels mindestens 10 Minuten abkühlen.

4 Lasse die Glasur nach Packungsanweisung schmelzen. Bestreue die Mitte der Gugels mit einigen Fudges und lass dann etwas Glasur darüberlaufen. Lasse deine Gugels komplett trocknen, bevor du sie verpackst. Luftdicht verpackt halten sie sich etwa 2 Wochen.

Zubereitungszeit: ca. 30 Minuten (plus Back- und Abkühlzeit)

Pro Stück ca. 135 kcal/565 kJ

So lecker schmeckt es: ★★★★★

KALTER HUND
mit Spekulatius

Das stellst du bereit:
Küchenwaage, Küchenmesser, Edelstahlschüssel, Topf, Zentimetermaß, Esslöffel, Kastenform (25 cm lang), Frischhaltefolie

Das brauchst du:
FÜR CA. 12 STÜCKE

125 g Kokosfett
250 g Vollmilch-Kuvertüre
250 g Zartbitter-Kuvertüre
200 ml Sahne
1 Tl Zimt
1 Tl Lebkuchengewürz
ca. 200 g Butter- oder Mandelspekulatius

Zubereitungszeit: ca. 30 Minuten

Pro Stück ca. 415 kcal/1739 kJ

So gehts:

1 Brich das Kokosfett in grobe Stücke und hacke beide Sorten Kuvertüre. Gib dann Fett, Kuvertüre und Sahne in eine Edelstahlschüssel. Fülle etwa 3 cm hoch Wasser in einen Topf, hänge die Edelstahlschüssel hinein und erhitze alles.

2 Lasse alles unter Rühren schmelzen. Zum Schluss kannst du die Schüssel vom Topf heben und auf eine Arbeitsplatte stellen. Rühre Zimt und Lebkuchengewürz darunter.

3 Lege eine Kastenform mit Frischhaltefolie aus. Gib etwas von der Schokoladenmasse hinein, bis der Boden leicht bedeckt ist. Dann lege eine Schicht Spekulatius darauf, bis der Boden möglichst komplett bedeckt ist. So machst du weiter: wieder etwas Schokolade, wieder etwas Spekulatius ... so lange, bis alles aufgebraucht ist. Am Ende sollte eine Schicht Schokolade sein.

4 Decke die Form mit Frischhaltefolie ab und stelle sie über Nacht in den Kühlschrank. Am nächsten Tag nimmst du die Frischhaltefolie oben ab und stürzt den kalten Hund auf eine Platte. Ziehe dann vorsichtig die restliche Frischhaltefolie ab.

5 Zum Servieren werden einfach schöne Scheiben abgeschnitten und die Reste des kalten Hundes werden im Kühlschrank aufbewahrt.

WUFF! WUFF! ÜBRIGENS: DER KALTE HUND WIRD IN MANCHEN REGIONEN AUCH KALTE SCHNAUZE GENANNT.

Rezeptverzeichnis

Amarettini	26
Apple-Crumble-Cookies	18
Cantuccini mit Rosinen und Mandeln	75
Cantuccini ohne Mehl	22
Eisbärtatzen	61
Gazellenhörnchen	16
Gingerbread	21
Gugelhupf mit Bratapfelcreme	53
Haselnuss-Printen	15
Herz-Taler, rosa	62
Kalter Hund mit Spekulatius	78
Kentucky-Butter-Gugels	76
Knusperburschen	56
Kokos-Kipferl	13
Kokos-Quark-Makronen	12
Lavendel-Heidesand	29
Lebkuchenhaus	35
Lemoncurd-Cookies	24
Mandel-Macadamia-Florentiner	42
Mandeln, gebrannte	58
Marzipanplätzchen mit Fruchtfüllung	41
Mohn-Schnecken mit Cranberrys	36
Nusshörnchen mit Frischkäse	47
Orangenkekse, saftige	32
Pflaumen-Ravioli	44
Quark-Stollen-Gugels	50
Schneebällchen	66
Schneemänner am Stiel	72
Schokoknusperchen, weiße	65
Schokoküsse mit Zimt	48
Streusel-Rauten	30
Streuselsterne	69
Studentenfutter-Häufchen	64
Vanille-Schoko-Cookies	70
Waldbeerenkringel	8
Weihnachts-Cantuccini mit Schokolade	10
Weihnachtskugeln	27
Zitronenherzen mit Anis	38

Rezepte

Nina Engels: S. 10, 13, 27, 31, 35, 36, 40, 48, 50, 53, 61, 62, 72; Evi Kümpel: S. 8, 16, 18, 29, 32, 38, 44, 56, 66, 69, 70, 76; Maja Nett: S. 15, 21, 24, 47, 78; Christina Wiedemann: S. 42; Verlagsarchiv: alle übrigen

Rezeptfotos

Klaus Arras: S. 7, 26, 60; Maria Brinkop: S. 13; Kay Johannsen: S. 59, 64, 65, 74; TLC Fotostudio: alle übrigen

Illustrationen

stock.adobe.com: © avian (z. B. Vögel, Bär mit Mütze, Tannenbaum), © jennylipmic (Weihnachtskugeln), © lilett (z. B. Teekanne, Lebkuchenhäuser, Muffins, Herzen, Bonbons), © mgdrachal (Musterränder), © nadia1992 (Tiere, Zweige, roter Vogel)